LES

CAPRICES DE MARIANNE

COMÉDIE

EN DEUX ACTES, EN PROSE,

DE M. ALFRED DE MUSSET

Représentée pour la première fois, à Paris, sur le Théâtre de la République
(Comédie Française), le 14 juin 1851

PARIS,

CHARPENTIER, LIBRAIRE-ÉDITEUR,

19, RUE DE LILLE.

1851

LES
CAPRICES DE MARIANNE.

CHEZ LE MÊME ÉDITEUR.

COMÉDIES REPRÉSENTÉES D'ALFRED DE MUSSET

ET QUI SE VENDENT SÉPARÉMENT.

Un Caprice, comédie en 1 acte.
Il ne faut jurer de rien, comédie en 3 actes.
Il faut qu'une porte soit ouverte ou fermée, en 1 acte.
Louison, comédie en 2 actes et en vers.
Le Chandelier, comédie en 3 actes.

Chacune de ces pièces se vend 1 franc

Paris. — Imprimerie de Mme Ve Dondey-Dupré, rue Saint-Louis, 46, au Marais.

LES
CAPRICES DE MARIANNE

COMÉDIE

EN DEUX ACTES, EN PROSE,

DE M. ALFRED DE MUSSET

Représentée pour la première fois, à Paris, sur le Théâtre de la République (Comédie Française), le 14 juin 1851.

PARIS,

CHARPENTIER, LIBRAIRE-ÉDITEUR,

19, RUE DE LILLE.

1851

LES CAPRICES DE MARIANNE.

PERSONNAGES.	ACTEURS.
CLAUDIO, podestat.	M. Provost.
OCTAVE.	M. Brindeau.
CÉLIO.	M. Delaunay.
TIBIA, valet de Claudio.	M. Got.
PIPPO, valet de Célio.	M. Mathien.
MALVOLIO, intendant d'Hermia.	M. Tronchet.
UN GARÇON D'AUBERGE.	M. Bertin.
Domestique de Marianne.	
Domestiques d'Hermia.	
Deux Spadassins.	
MARIANNE, femme de Claudio.	Mlle Madeleine Brouan.
HERMIA, mère de Célio.	Mme Moreau-Sainti.

La scène est à Naples.

(Costumes italiens du temps de François 1er.)

Les indications sont prises du public. Le premier personnage inscrit occupe le n° 1, à la gauche du spectateur, et ainsi des autres. Ces indications sont données pour éviter la confusion dans les entrées et les sorties, dans le cas où la pièce serait jouée ailleurs qu'à la Comédie Française.

LES
CAPRICES DE MARIANNE.

ACTE PREMIER.

Le théâtre représente une place publique. A droite, au premier plan, une grille de jardin, attenant à une maison dont la porte d'entrée est près de la grille. Un balcon en saillie est au premier étage, entre la porte et le tournant de la maison ; une jalousie et un rideau masquent la fenêtre. A gauche, au premier plan, une auberge avec une tonnelle au-devant, sous laquelle se trouvent une table et un banc.

SCÈNE PREMIÈRE.

CÉLIO, PIPPO.

(Ils entrent par la droite, du plan au-dessus de la maison.)

CÉLIO.

Eh bien, Pippo, tu viens de voir Marianne?

PIPPO.

Oui, monsieur.

CÉLIO.

Que t'a-t-elle dit?

PIPPO.

Plus dévote et plus orgueilleuse que jamais. Elle instruira son mari, dit-elle, si on la poursuit plus longtemps.

CÉLIO.

Ah! malheureux que je suis! je n'ai plus qu'à mourir! Ah! la plus cruelle de toutes les femmes!... Et que me conseilles-tu, Pippo? quelle ressource puis-je encore trouver?

PIPPO.

Je vous conseille d'abord de ne pas rester là, car voici son mari qui vient de ce côté.

(Ils se retirent dans le fond, du côté de la maison.)

SCÈNE II.

CLAUDIO et TIBIA entrent par la grille; Claudio est en longue robe rouge; Tibia le suit en portant la queue de sa robe.

CLAUDIO.

Es-tu mon fidèle serviteur, mon valet de chambre dévoué? Apprends que j'ai à me venger d'un outrage.

TIBIA.

Vous, monsieur?

CLAUDIO.

Moi-même, puisque ces impudentes guitares ne cessent de murmurer sous les fenêtres de ma femme. Mais patience! tout n'est pas fini.

(Il aperçoit Célio et Pippo dans le fond et va à l'extrême gauche.)

Écoute un peu de ce côté-ci; voilà du monde qui pourrait nous entendre. Tu m'iras chercher ce soir le spadassin que je t'ai dit.

TIBIA.

Pourquoi faire?

ACTEE 1, SCÈNE II.

CLAUDIO.

Je crois que Marianne a des amants.

TIBIA.

Vous croyez, monsieur?

CLAUDIO.

Oui, il y a autour de ma maison une odeur d'amants. Personne ne passe naturellement devant ma porte; il y pleut des guitares et des messages secrets.

TIBIA.

Est-ce que vous pouvez empêcher qu'on ne donne des sérénades à votre femme?

CLAUDIO.

Non; mais je puis poster un homme derrière la grille et me débarrasser du premier qui entrera.

TIBIA.

Fi! votre femme n'a pas d'amants... C'est comme si vous disiez que j'ai des maîtresses.

CLAUDIO.

Pourquoi n'en aurais-tu pas, Tibia? Tu es fort laid, mais tu as beaucoup d'esprit.

TIBIA.

J'en conviens, j'en conviens.

CLAUDIO.

Regarde, Tibia, tu en conviens toi-même; il n'en faut plus douter et mon déshonneur est public.

TIBIA.

Pourquoi public?

CLAUDIO.

Je te dis qu'il est public.

TIBIA.

Mais, monsieur, votre femme passe pour un dragon de

vertu dans toute la ville. Elle ne voit personne, elle ne sort de chez elle que pour aller à la messe.

CLAUDIO.

Laisse-moi faire; je ne me sens pas de colère. Après tous les cadeaux qu'elle a reçus de moi!... Oui, Tibia, je machine en ce moment une épouvantable trame, et me sens prêt à mourir de douleur.

TIBIA.

Oh! que non!

CLAUDIO.

Quand je te dis quelque chose, tu me ferais plaisir de le croire.

(Ils sortent par le fond, à gauche.)

SCÈNE III.

CÉLIO, seul, rentrant par le fond, à droite.

Malheur à celui qui, au milieu de la jeunesse, s'abandonne à un amour sans espoir!... Malheur à celui qui se livre à une douce rêverie avant de savoir où sa chimère le mène et s'il peut être payé de retour! Mollement couché dans une barque, il s'éloigne peu à peu de la rive; il aperçoit au loin des plaines enchantées, de vertes prairies, et le mirage léger de son Eldorado; les flots l'entraînent en silence, et quand la réalité le réveille, il est aussi loin du but où il aspire que du rivage qu'il a quitté : il ne peut plus ni poursuivre sa route, ni revenir sur ses pas.

(On entend un bruit d'instruments.)

Quelle est cette mascarade? N'est-ce pas Octave que j'aperçois?

SCÈNE IV.

CÉLIO, OCTAVE.

(Octave entre du fond à droite ; il a par-dessus son habit un long domino tout ouvert, un loup sur le visage et une batte d'Arlequin à la main.)

OCTAVE, s'adressant aux gens de la mascarade, qu'on ne voit pas.

Assez, mes amis, retournez au logis ; assez raclé pour aujourd'hui.

(Descendant la scène et ôtant son loup ; à Célio.)

Comment se porte, mon bon monsieur, cette gracieuse mélancolie ?

CÉLIO.

Octave, ô fou que tu es ! tu as un pied de rouge sur les joues ! D'où te vient cet accoutrement ? N'as-tu pas de honte, en plein jour ?

OCTAVE.

O Célio ! fou que tu es ! tu as un pied de blanc sur les joues ! D'où te vient ce large habit noir ? N'as-tu pas de honte, en plein carnaval ?

CÉLIO.

J'allais chez toi.

OCTAVE.

Et moi aussi j'allais chez moi. Comment se porte ma maison ? Il y a huit jours que je ne l'ai vue.

CÉLIO.

J'ai un service à te demander.

OCTAVE.

Parle, Célio, mon cher enfant. Veux-tu de l'argent ? je n'en ai plus. Veux-tu mon épée ? voilà une batte d'Arlequin. Parle, parle, dispose de moi.

CÉLIO.

Combien de temps cela durera-t-il ?... Huit jours hors de chez toi !... Tu te tueras, Octave.

OCTAVE.

Jamais de ma propre main, mon ami, jamais ; j'aimerais mieux mourir que d'attenter à mes jours.

CÉLIO.

Et n'est-ce pas un suicide comme un autre, cette vie que tu mènes ?

OCTAVE.

Figure-toi un danseur de corde, en brodequins d'argent, le balancier au poing, suspendu entre le ciel et la terre ; à droite et à gauche, de vieilles petites figures racornies, de maigres et pâles fantômes, des créanciers agiles, des parents et des courtisanes, toute une légion de monstres se suspendent à son manteau et le tiraillent de tous côtés pour lui faire perdre l'équilibre. Des phrases redondantes, de grands mots enchâssés cavalcadent autour de lui ; une nuée de prédictions sinistres l'aveugle de ses ailes noires. Il continue sa course légère de l'Orient à l'Occident. S'il regarde en bas, la tête lui tourne ; s'il regarde en haut, le pied lui manque. Il va plus vite que le vent, et toutes les mains tendues autour de lui ne lui feront pas renverser une goutte de la coupe joyeuse qu'il porte à la sienne. Voilà ma vie, mon cher ami ; c'est ma fidèle image que tu vois.

(Il jette sur la table sa batte et son loup.)

CÉLIO.

Que tu es heureux d'être fou !

OCTAVE.

Que tu es fou de ne pas être heureux ! Dis-moi un peu, toi, qu'est-ce qui te manque ?

CÉLIO.

Il me manque le repos, la douce insouciance qui fait de la vie un miroir où tous les objets se peignent un instant et sur lequel tout glisse. Une dette, pour moi, est un remords. L'amour, dont vous autres faites un passe-temps, trouble ma vie entière. O mon ami, tu ignoreras toujours ce que c'est qu'aimer comme moi ! Mon cabinet d'étude est désert ; depuis un mois j'erre autour de cette maison la nuit et le jour. Quel charme j'éprouve, au lever de la lune, à conduire sous ces petits arbres, au fond de cette place, mon chœur modeste de musiciens, à marquer moi-même la mesure, à les entendre chanter la beauté de Marianne! Jamais elle n'a paru à sa fenêtre, jamais elle n'est venue appuyer son front charmant sur sa jalousie.

OCTAVE.

Qui est cette Marianne? Est-ce que c'est ma cousine?

CÉLIO.

C'est elle-même; la femme du vieux Claudio.

OCTAVE.

Je ne l'ai jamais vue; mais à coup sûr elle est ma cousine. Claudio est fait exprès. Confie-moi tes intérêts, Célio.

CÉLIO.

Tous les moyens que j'ai tentés pour lui faire connaître mon amour ont été inutiles. Elle sort du couvent, elle aime son mari et respecte ses devoirs; sa porte est fermée à tous les jeunes gens de la ville, et personne ne peut l'approcher.

OCTAVE.

Ouais!... Est-elle jolie?... Sot que je suis! Tu l'aimes, cela n'importe guère. Que pourrions-nous imaginer?

CÉLIO.

Faut-il te parler franchement? Ne te riras-tu pas de moi?

OCTAVE.

Laisse-moi rire de toi, et parle franchement.

CÉLIO.

En ta qualité de parent, tu dois être reçu dans la maison?

OCTAVE.

Suis-je reçu? je n'en sais rien. Admettons que je suis reçu. A te dire vrai, dans mon illustre famille nous ne formons pas un faisceau bien serré, et nous ne tenons guère les uns aux autres que par écrit. Cependant Marianne connaît mon nom. Faut-il lui parler en ta faveur?

CÉLIO.

Vingt fois j'ai tenté de l'aborder ; vingt fois j'ai senti mes genoux fléchir en approchant d'elle. Quand je la vois, ma gorge se serre et j'étouffe, comme si mon cœur se soulevait jusqu'à mes lèvres.

OCTAVE.

J'ai éprouvé cela. C'est ainsi qu'au fond des forêts, lorsqu'une biche avance à petits pas sur les feuilles sèches, et que le chasseur entend les bruyères glisser sur ses flancs inquiets, comme le frôlement d'une robe légère, les battements de cœur le prennent malgré lui ; il soulève son arme en silence, sans faire un pas, sans respirer.

CÉLIO.

Pourquoi donc suis-je ainsi? pourquoi ne saurais-je aimer cette femme comme toi, Octave, tu l'aimerais, ou comme j'en aimerais une autre? Pourquoi ce qui te rendrait joyeux et empressé, ce qui t'attirerait, toi, comme l'aiguille aimantée attire le fer, me rend-il triste et immobile? Qui pourrait dire : ceci est gai ou triste? La réalité n'est qu'une ombre. Appelle imagination ou folie ce qui la divinise. Alors la folie est la beauté elle-même. Chaque homme marche enveloppé d'un réseau transparent qui le couvre de la tête aux pieds ; il croit voir des bois et des fleuves, des visages divins, et l'universelle nature se teint sous ses regards des nuances infinies du tissu magique. Octave! Octave! viens à mon secours!

OCTAVE.

J'aime ton amour, Célio! il divague dans ta cervelle comme un flacon syracusain. Donne-moi la main, je viens à ton secours ; attends un peu. L'air me frappe au visage et les idées me reviennent. Je connais cette Marianne : elle me déteste fort, sans m'avoir jamais vu. C'est une mince poupée qui ne fait rien qu'à sa guise, un véritable enfant gâté.

ACTE I, SCÈNE IV.

CÉLIO.

Fais ce que tu voudras, mais ne me trompe pas, je t'en conjure. Il est aisé de me tromper; je ne sais pas me défier d'une action que je ne voudrais pas faire moi-même.

OCTAVE.

Si tu escaladais les murs?

CÉLIO.

A quoi bon, si elle ne m'aime pas?

OCTAVE.

Si tu lui écrivais?

CÉLIO.

Elle déchire mes lettres ou me les renvoie.

OCTAVE.

Si tu en aimais une autre?

CÉLIO.

Le souffle de ma vie est à Marianne; elle peut d'un seul mot de ses lèvres l'anéantir ou l'embraser. Vivre pour une autre me serait plus difficile que de mourir pour elle.

(Regardant du côté du jardin.)

Silence! la voici qui sort.

OCTAVE.

Retire-toi, je vais l'aborder.

CÉLIO.

Y penses-tu? dans l'équipage où te voilà! Essuie-toi le visage; tu as l'air d'un fou.

OCTAVE, ôtant son domino et le posant sur la table.

Voilà qui est fait... La folie et moi, mon cher Célio, nous nous sommes trop chers l'un à l'autre pour nous jamais disputer; elle fait mes volontés comme je fais les siennes. N'aie aucune crainte là-dessus; c'est le fait d'un étudiant en vacances, qui valse un jour de grand dîner, de perdre la tête et de chercher sa raison; moi, je n'ai de raison que ma fantaisie ; ma façon de penser est de me laisser faire, et je parlerais au roi, en ce moment, comme je vais parler à ta belle.

CÉLIO.

Je ne sais ce que j'éprouve... Non, ne lui parle pas.

OCTAVE.

Pourquoi?

CÉLIO.

Je ne puis dire pourquoi; il me semble... que tu vas me tromper.

OCTAVE.

Touche là. Depuis que je suis au monde, je n'ai encore trompé personne, et je ne commencerai pas par mon meilleur ami.

(Célio sort par le fond, à gauche.)

SCÈNE V.

OCTAVE, MARIANNE, venant du jardin.

(Octave va au-devant de Marianne et la salue.)

OCTAVE.

Ne vous détournez pas, princesse de beauté! Laissez tomber un de vos regards sur le plus humble de vos serviteurs.

MARIANNE.

Qui êtes-vous ?

OCTAVE.

Mon nom est Octave; je suis cousin de votre mari.

MARIANNE.

Venez-vous pour le voir? entrez au logis; il va revenir.

OCTAVE.

Je ne viens pas pour le voir et n'entrerai point au logis, de peur que vous ne m'en chassiez tout à l'heure, quand je vous aurai dit ce qui m'amène.

MARIANNE.

Dispensez-vous donc de me le dire et de m'arrêter plus longtemps.

OCTAVE.

Je ne saurais m'en dispenser, et vous supplie de vous arrêter pour l'entendre. Cruelle Marianne! vos yeux ont causé bien du mal, et vos paroles ne sont pas faites pour le guérir. Que vous avait fait Célio?

MARIANNE.

De qui parlez-vous et quel mal ai-je causé?

OCTAVE.

Un mal le plus cruel de tous, car c'est un mal sans espérance; le plus terrible, car c'est un mal qui se chérit lui-même et repousse la coupe salutaire jusque dans la main de l'amitié; un mal qui fait pâlir les lèvres sous des poisons plus doux que l'ambroisie, et qui fond en une pluie de larmes le cœur le plus dur, comme la perle de Cléopâtre; un mal que tous les aromates, toute la science humaine ne sauraient soulager, et qui se nourrit du vent qui passe, du parfum d'une rose fanée, du refrain d'une chanson, et qui puise l'éternel aliment de ses souffrances dans tout ce qui l'entoure, comme une abeille son miel dans tous les buissons d'un jardin.

MARIANNE.

Me direz-vous le nom de ce mal?

OCTAVE.

Que celui qui est digne de le prononcer vous le dise! Que les rêves de vos nuits, que vos orangers verts, que le printemps vous l'apprennent! Que vous puissiez le chercher un beau soir, vous le trouverez sur vos lèvres!... son nom n'existe pas sans lui.

2.

MARIANNE.

Est-il si dangereux à dire, si terrible dans sa contagion, qu'il effraye une langue qui plaide en sa faveur?

OCTAVE.

Est-il si doux à entendre, cousine, que vous le demandiez? Vous l'avez appris à Célio.

MARIANNE.

C'est donc sans le vouloir; je ne connais ni l'un ni l'autre.

OCTAVE.

Que vous les connaissiez ensemble et que vous ne les sépariez jamais, voilà le souhait de mon cœur.

MARIANNE.

En vérité?

OCTAVE.

Célio est le meilleur de mes amis; si je voulais vous faire envie, je vous dirais qu'il est beau comme le jour, jeune, noble, et je ne mentirais pas; mais je ne veux que vous faire pitié, et je vous dirai qu'il est triste comme la mort depuis le jour où il vous a vue.

MARIANNE.

Est-ce ma faute s'il est triste?

OCTAVE.

Est-ce sa faute si vous êtes belle? Il ne pense qu'à vous; à toute heure il rôde autour de cette maison. N'avez-vous jamais entendu chanter sous vos fenêtres? n'avez-vous jamais soulevé à minuit cette jalousie et ce rideau?

MARIANNE.

Tout le monde peut chanter le soir, et cette place appartient à tout le monde.

OCTAVE.

Tout le monde aussi peut vous aimer, mais personne ne peut vous le dire. Quel âge avez-vous, Marianne?

MARIANNE.

Voilà une jolie question! Et si je n'avais dix-huit ans, que voudriez-vous que j'en pense?

OCTAVE.

Vous avez donc encore cinq ou six ans pour être aimée, huit ou dix pour aimer vous-même, et le reste pour prier Dieu.

MARIANNE.

Vraiment? Eh bien, pour mettre le temps à profit, j'aime Claudio, votre cousin et mon mari.

OCTAVE.

Mon cousin et votre mari ne feront jamais à eux deux qu'un pédant de village. Vous n'aimez point Claudio

MARIANNE.

Ni Célio; vous pouvez le lui dire.

OCTAVE.

Pourquoi?

MARIANNE.

Me direz-vous aussi pourquoi je vous écoute?... Adieu, seigneur Octave; voilà une plaisanterie qui a duré assez longtemps.

(Elle sort par la gauche.)

SCÈNE VI.

OCTAVE, seul.

Ma foi! ma foi! elle a de beaux yeux.

(Voyant entrer Claudio par le fond, à droite, et prenant son domino et sa batte sur la table, puis passant à l'extrême droite.)

Ah! voici Claudio. Ce n'est pas tout à fait la même chose, et je ne me soucie guère de continuer la conversation avec lui.

SCÈNE VII.

TIBIA, CLAUDIO, OCTAVE.

CLAUDIO, en entrant, à Tibia.

Tu as raison...

OCTAVE, à Claudio.

Bonsoir, cousin.

CLAUDIO.

Bonsoir.
(A Tibia.)
Tu as raison...

OCTAVE.

Cousin, bonsoir.

(Il sort à droite.)

CLAUDIO.

Bonsoir, bonsoir.

SCÈNE VIII.

TIBIA, CLAUDIO.

CLAUDIO.

Tu as raison, et ma femme est un trésor de pureté. Que te dirai-je de plus? c'est une vertu solide

TIBIA.

Vous croyez, monsieur?

CLAUDIO

Peut-elle empêcher qu'on ne chante sous ses croisées? Les signes d'impatience qu'elle peut donner dans son intérieur sont les suites de son caractère. As-tu remarqué que sa mère, lorsque j'ai touché cette corde, a été tout d'un coup du même avis que moi?

TIBIA.

Relativement à quoi?

CLAUDIO.

Relativement à ce qu'on chante sous ses croisées.

TIBIA.

Chanter n'est pas un mal; je fredonne moi-même à tout moment.

CLAUDIO.

Mais bien chanter est difficile.

TIBIA.

Difficile pour vous et pour moi qui, n'ayant pas reçu de voix de la nature, ne l'avons jamais cultivée; mais voyez comme ces acteurs de théâtre s'en tirent habilement.

CLAUDIO.

Ces gens-là passent leur vie sur les planches.

TIBIA.

Combien croyez-vous qu'on puisse donner par an...

CLAUDIO.

A qui? à un conseiller?

TIBIA.

Non, à un chanteur.

CLAUDIO.

Je n'en sais rien... On donne à un conseiller le tiers de ce que vaut ma charge; les archiconseillers ont le double.

TIBIA.

Si j'étais podestat chez nous, que je fusse marié et que ma femme eût des amants, je les condamnerais moi-même.

CLAUDIO.

A combien d'années de galères?

TIBIA.

A la peine de mort... Une sentence de mort est une chose superbe à lire à haute voix.

CLAUDIO.

Ce n'est pas le podestat qui la lit; c'est le greffier.

TIBIA.

Le greffier de votre tribunal a une jolie femme.

CLAUDIO.

Non; c'est le président qui a une jolie femme. J'ai soupé hier avec eux.

TIBIA.

Le greffier aussi! Le spadassin qui va venir ce soir est l'amant de la femme du greffier.

CLAUDIO.

Quel spadassin?

TIBIA.

Celui que vous avez demandé.

CLAUDIO.

Il est inutile qu'il vienne, après ce que je t'ai dit tout à l'heure.

TIBIA.

A quel sujet?

CLAUDIO.

Au sujet de ma femme.

TIBIA.

La voici qui vient elle-même.

SCÈNE IX.

TIBIA, MARIANNE, CLAUDIO.

MARIANNE, qui est entrée par la gauche.

Savez-vous ce qui m'arrive pendant que vous courez les champs? J'ai reçu la visite de votre cousin.

CLAUDIO.

Qui cela peut-il être? Nommez-le par son nom.

MARIANNE.

Octave, qui m'a fait une déclaration d'amour de la part de son ami Célio. Qui est ce Célio? Connaissez-vous cet homme? Trouvez bon que ni lui ni Octave ne mettent les pieds dans notre maison.

(Elle passe devant Claudio et se dirige vers le jardin.)

CLAUDIO.

Je le connais; c'est le fils d'Hermia, notre voisine. Qu'avez-vous répondu à cela?

MARIANNE.

Il ne s'agit pas de ce que j'ai répondu. Comprenez-vous ce que je dis? Donnez ordre à vos gens qu'ils ne laissent entrer ni cet homme ni son ami. Je m'attends à quelque importunité de leur part, et je suis bien aise de l'éviter.

(Elle sort par le jardin.)

SCÈNE X.

TIBIA, CLAUDIO.

CLAUDIO.

Que penses-tu de cette aventure, Tibia? Il y a quelque ruse là-dessous.

TIBIA.

Vous croyez, monsieur?

CLAUDIO.

Pourquoi n'a-t-elle pas voulu dire ce qu'elle a répondu? La déclaration est impertinente, il est vrai, mais la réponse méritait d'être connue. J'ai le soupçon que ce fils d'Hermia est l'ordonnateur de toutes ces guitares.

TIBIA.

Défendre votre porte à ces deux hommes est un moyen excellent de les éloigner.

CLAUDIO.

Rapporte-t'en à moi. — Il faut que je fasse part de cette découverte à ma belle-mère.

TIBIA, regardant à gauche.

Monsieur, la voici justement.

CLAUDIO.

Qui ? ma belle-mère ?

TIBIA.

Non, Hermia, notre voisine. Ne parliez-vous pas d'elle tout à l'heure ?

CLAUDIO.

Oui, comme étant la mère de ce Célio, et c'est la vérité, Tibia.

TIBIA.

Eh bien! monsieur, elle vient de ce côté avec un, deux et trois laquais ; c'est une femme respectable

CLAUDIO.

Oui, ses biens sont considérables.

TIBIA.

J'entends aussi qu'elle a de bonnes mœurs. Si vous l'abordiez, monsieur ?

CLAUDIO.

Y penses-tu ? La mère d'un jeune homme que je serai peut-être obligé de faire poignarder ce soir même ! Sa propre mère, Tibia ! Fi donc ! je ne reconnais pas là ton habitude des convenances. Viens, Tibia, rentrons au logis.

(Il sort par le jardin, Tibia le suit, en lui portant toujours la queue de sa robe.)

SCÈNE XI.

MALVOLIO, HERMIA, DEUX VALETS.

(Hermia entre par la gauche, suivie de Malvolio et de deux Valets qui restent au fond.)

HERMIA.

A-t-on fait ce que j'ai ordonné? A-t-on dit aux musiciens de venir?

MALVOLIO.

Oui, madame, ils seront ce soir à vos ordres, ou pour mieux parler...

HERMIA.

Qu'est-ce à dire? A-t-on tout préparé comme je l'ai dit pour le souper? Vous direz à mon fils que je regrette de ne pas l'avoir vu. — A quelle heure est-il donc sorti?

MALVOLIO.

Pour être sorti, il faudrait d'abord qu'il fût rentré. Il a passé la nuit dehors.

HERMIA.

Vous ne savez ce que vous dites. — Il a soupé hier avec moi, et m'a ramenée à la maison. A-t-on fait porter dans le cabinet d'étude le tableau que j'ai acheté ce matin?

MALVOLIO.

Du vivant de son père, il n'en aurait pas été ainsi.

HERMIA.

Mais du vivant de sa mère, il en est ainsi, Malvolio. Qui vous a chargé de veiller sur sa conduite? Songez-y : que Célio ne rencontre pas sur son passage un visage de mauvais augure ; qu'il ne vous entende pas gronder ainsi entre vos dents, ou par le ciel! pas un de vous ne passera la nuit sous son toit.

MALVOLIO.

Je ne gronde pas, ma figure n'est pas un mauvais présage. Vous me demandez à quelle heure est sorti mon maître, et je vous réponds qu'il n'est pas rentré. Depuis qu'il a l'amour en tête, on ne le voit pas quatre fois la semaine.

HERMIA.

Pourquoi les livres de Célio sont-ils couverts de poussière? Pourquoi ses meubles sont-ils en désordre? Pourquoi faut-il que je mette la main à tout dans la maison de mon fils, si je veux obtenir quelque chose? Il vous appartient bien de lever les yeux sur ce qui ne vous regarde pas, lorsque votre ouvrage est à moitié fait, et que les soins dont on vous charge retombent sur les autres. Allez, et retenez votre langue.

(Malvolio et les deux Valets sortent par la gauche. Hermia va pour sortir par le fond, à droite, lorsque Célio entre de ce côté; il prend la main d'Hermia et la baise.)

SCÈNE XII.

HERMIA, CÉLIO.

HERMIA.

Eh bien, mon cher enfant, quels seront vos plaisirs aujourd'hui?

CÉLIO.

Les vôtres, ma mère.

HERMIA, lui prenant le bras et se promenant avec lui sur le devant à gauche.

Eh quoi! les plaisirs communs, et non les peines communes? C'est un partage injuste, Célio. Ayez des secrets pour moi, mon enfant, mais non pas de ceux qui vous rongent le cœur, et vous rendent insensible à tout ce qui vous entoure.

CÉLIO.

Je n'ai point de secret, et plût à Dieu, si j'en avais, qu'ils fussent de nature à faire de moi une statue !

HERMIA.

Quand vous aviez dix ou douze ans, toutes vos peines, tous vos petits chagrins se rattachaient à moi ; d'un regard sévère ou indulgent de ces yeux que voilà, dépendait la tristesse ou la joie des vôtres, et votre petite tête blonde tenait par un fil bien délié au cœur de votre mère. Maintenant, mon enfant, je ne suis plus que votre vieille sœur, incapable peut-être de soulager vos ennuis, mais non pas de les partager.

CÉLIO.

Ma mère ! — Et vous aussi, vous avez été belle ! sous ce long voile qui vous entoure, l'œil reconnaît le port majestueux d'une reine. O ma mère ! vous avez inspiré l'amour ! sous vos fenêtres entr'ouvertes a murmuré le son de la guitare ; sur ces places bruyantes, dans le tourbillon de ces fêtes, vous avez promené une insouciante et superbe jeunesse... vous n'avez point aimé ; un parent de mon père est mort d'amour pour vous.

HERMIA.

Quel souvenir me rappelles-tu ?

CÉLIO.

Ah ! si votre cœur peut en supporter la tristesse, si ce n'est pas vous demander des larmes, racontez-moi cette aventure, ma mère, faites-m'en connaître les détails.

HERMIA.

Hélas ! mon enfant, à quoi bon ? Quelle triste fantaisie avez-vous ?

CÉLIO.

Je vous en supplie, et j'écoute.

HERMIA.

Vous le voulez ? — Votre père ne m'avait jamais vue alors.

Il se chargea, comme allié de ma famille, de faire agréer la demande du jeune Orsini, qui voulait m'épouser. Il fut reçu comme le méritait son rang, par votre grand-père, et admis dans notre intimité. Orsini était un excellent parti, et cependant je refusai. Votre père, en plaidant pour lui, avait tué dans mon cœur le peu d'amour qu'il m'avait inspiré pendant deux mois d'assiduités constantes. Je n'avais pas soupçonné la force de sa passion pour moi. Lorsqu'on lui apporta ma réponse, il tomba, privé de connaissance, dans les bras de votre père. Cependant une longue absence, un voyage qu'il entreprit alors et dans lequel il augmenta sa fortune, devaient avoir dissipé ses chagrins. Votre père changea de rôle et demanda pour lui ce qu'il n'avait pu obtenir pour Orsini. Je l'aimais d'un amour sincère, et l'estime qu'il avait inspirée à mes parents ne me permit pas d'hésiter. Le mariage fut décidé le jour même, et l'église s'ouvrit pour nous quelques semaines après. Orsini revint à cette époque. Il vint trouver votre père, l'accabla de reproches, l'accusa d'avoir trahi sa confiance et d'avoir causé le refus qu'il avait essuyé. Du reste, ajouta-t-il, si vous avez désiré ma perte, vous serez satisfait. Épouvanté de ces paroles, votre père accourut chez le mien et lui demanda son témoignage pour désabuser Orsini. — Hélas! il n'était plus temps; on trouva dans sa chambre le pauvre jeune homme frappé d'un coup d'épée.

CÉLIO.

Il a fini ainsi?

HERMIA.

Oui, bien cruellement.

CÉLIO.

Non, ma mère, elle n'est point cruelle, la mort qui vient en aide à l'amour sans espoir. La seule chose dont je le plaigne, c'est qu'il s'est cru trompé par son ami.

HERMIA.

Qu'avez-vous, Célio? vous détournez la tête.

CÉLIO.

Et vous, ma mère, vous êtes émue. Ah! ce récit, je le vois, vous a trop coûté. J'ai eu tort de vous le demander.

HERMIA.

Ne songez point à mes chagrins, ce ne sont que des souvenirs. Les vôtres me touchent bien davantage. Si vous refusez de les combattre, ils ont longtemps à vivre dans votre jeune cœur. Je ne vous demande pas de me les dire, mais je les vois; et puisque vous prenez part aux miens, venez, tâchons de nous défendre. Il y a à la maison quelques bons amis, allons essayer de nous distraire. Tâchons de vivre, mon enfant, et de regarder gaiement ensemble, moi le passé, vous l'avenir. — Venez, Célio, donnez-moi la main.

(Ils sortent par le fond, à droite.)

FIN DU PREMIER ACTE.

ACTE SECOND.

SCÈNE PREMIERE.

PIPPO, OCTAVE.

(Ils entrent par le fond, à droite.)

OCTAVE.

Il y renonce, dites-vous?

PIPPO.

Hélas! pauvre jeune homme! il aime plus que jamais! je croirais presque qu'il se défie de vous, de moi, de tout ce qui l'entoure.

OCTAVE.

Non, par le ciel! je n'y renoncerai pas. Je me sens moi-même une autre Marianne, et il y a du plaisir à être entêté. — Ou Célio réussira, ou j'y perdrai ma langue

PIPPO.

Agirez-vous contre sa volonté?

OCTAVE.

Oui, pour agir d'après la mienne, qui est sa sœur aînée, et pour envoyer aux enfers messer Claudio, le podestat, que je déteste, méprise et abhorre depuis les pieds jusqu'à la tête.

PIPPO.

Faites-lui donc vous-même votre réponse, car le voici ; et quant à moi, je cesse de m'en mêler.

(Il sort par la gauche.)

SCÈNE II.

OCTAVE, CÉLIO, venant du fond à droite.

OCTAVE.

Comment, Célio, tu abandonnes la partie?

CÉLIO, tenant un livre à la main.

Que veux-tu que je fasse?

OCTAVE.

Te défies-tu de moi? Te voilà pâle comme la neige. D'où viens-tu?

CÉLIO.

De chez ma mère.

OCTAVE.

Pourquoi cette tristesse?

CÉLIO.

Je ne sais. Pardonne, pardonne-moi, fais ce que tu voudras ; va trouver Marianne, dis-lui que me tromper, c'est me donner la mort, et que ma vie est dans ses yeux.

OCTAVE.

Eh! que diantre as-tu à faire de la mort? A propos de quoi y penses-tu?

CÉLIO.

Mon ami, je l'ai devant les yeux.

OCTAVE.

La Mort?

CÉLIO.

Oui, l'Amour et la Mort.

OCTAVE.

Qu'est-ce à dire?

CÉLIO.

L'Amour et la Mort, Octave, se tiennent la main : celui-là est la source du plus grand bonheur que l'homme puisse rencontrer ici-bas; celle-ci met un terme à toutes les douleurs, à tous les maux.

OCTAVE.

C'est un livre que tu as là?

CÉLIO.

Oui, et que tu n'as probablement pas lu.

OCTAVE.

Très-probablement. Quand on en lit un, il n'y a pas de raison pour ne pas lire tous les autres.

CÉLIO, lisant.

« Lorsque le cœur éprouve sincèrement un profond senti-
» ment d'amour, il éprouve aussi comme une fatigue et une
» langueur qui lui font désirer de mourir. Pourquoi? je ne
» sais (1). »

OCTAVE.

Ni moi non plus.

CÉLIO, lisant.

« Peut-être est-ce l'effet d'un premier amour, peut-être que
» ce vaste désert où nous sommes effraye les regards de celui
» qui aime, peut-être que cette terre ne lui semble plus habi-
» table, s'il n'y peut trouver ce bonheur nouveau, unique,
» infini, que son cœur lui représente. »

(1)   « Quando novellamente
        » Nasce nel cor profondo, etc. »

LÉOPARDI.

OCTAVE.

Ah çà, mais, à qui en as-tu?

CÉLIO, lisant.

« Le paysan, l'artisan grossier qui ne sait rien, la jeune
» fille timide, qui frémit d'ordinaire à la seule pensée de la
» mort, s'enhardit lorsqu'elle aime jusqu'à porter un regard
» sur un tombeau. » — Octave, la mort nous mène à Dieu,
et mes genoux plient quand j'y pense. Bonsoir, mon cher
ami.

OCTAVE.

Où vas-tu?

CÉLIO.

J'ai affaire en ville ce soir; adieu, fais ce que tu voudras.

OCTAVE.

Tu as l'air d'aller te noyer. Mais cette mort dont tu parles,
est-ce que tu en as peur, par hasard?

CÉLIO.

Ah! que j'eusse pu me faire un nom dans les tournois et
les batailles! qu'il m'eût été permis de porter les couleurs de
Marianne et de les teindre de mon sang! qu'on m'eût donné
un rival à combattre, une armée entière à défier! que le sa-
crifice de ma vie eût pu lui être utile! je sais agir, mais je ne
sais pas parler. Ma langue ne sert point mon cœur, et je
mourrai sans m'être fait comprendre, comme un muet dans
une prison.

OCTAVE.

Voyons, Célio, à quoi penses-tu? Il y a d'autres Mariannes
sous le ciel; soupons ensemble, et moquons-nous de cette
Marianne-là.

CÉLIO.

Adieu, adieu, je ne puis m'arrêter plus longtemps. Je te
verrai demain, mon ami.

(Il sort par la gauche.)

SCÈNE III.

OCTAVE, seul.

Célio, écoute donc! nous te trouverons une Marianne bien gentille, douce comme un agneau. — En vérité, voilà qui est étrange! N'importe, je ne céderai pas. Je suis comme un homme qui tient la banque d'un pharaon pour le compte d'un autre et qui a la veine contre lui : il noierait plutôt son meilleur ami que de céder, et la colère de perdre avec l'argent d'autrui l'enflamme cent fois plus que ne le ferait sa propre ruine. — Ah! voici Marianne qui sort. Elle va sans doute à vêpres... elle approche lentement.

SCÈNE IV.

OCTAVE, MARIANNE, venant du jardin.

OCTAVE.

Belle Marianne, vous dormirez tranquille. Le cœur de Célio est à une autre, et ce n'est plus sous vos fenêtres qu'il donnera ses sérénades.

MARIANNE.

Quel dommage! et quel grand malheur de n'avoir pu partager un amour comme celui-là ! Voyez comme le hasard me contrarie! moi qui allais l'aimer.

OCTAVE.

En vérité?

MARIANNE.

Oui, sur mon âme, ce soir ou demain matin, dimanche au plus tard, je vous le jure. Qui pourrait ne pas réussir avec un ambassadeur tel que vous? Il faut croire que sa passion pour moi était quelque chose comme du chinois ou de l'arabe, puisqu'il lui fallait un interprète, et qu'elle ne pouvait s'expliquer toute seule.

OCTAVE.

Raillez, raillez! nous ne vous craignons plus.

MARIANNE.

Ou peut-être que cet amour n'était encore qu'un pauvre enfant à la mamelle, et vous, comme une sage nourrice, en le menant à la lisière, vous l'aurez laissé tomber la tête la première en le promenant par la ville.

OCTAVE.

La sage nourrice s'est contentée de lui faire boire d'un certain lait que la vôtre vous a versé sans doute, et généreusement; vous en avez encore sur les lèvres une goutte qui se mêle à toutes vos paroles.

MARIANNE.

Comment s'appelle ce lait merveilleux?

OCTAVE.

L'indifférence. Vous ne savez ni aimer ni haïr, et vous êtes comme les roses du Bengale, Marianne, sans épine et sans parfum.

MARIANNE.

Bien dit. Aviez-vous préparé d'avance cette comparaison? Si vous ne brûlez pas le brouillon de vos harangues, donnez-le-moi, de grâce, que je les apprenne à ma perruche.

OCTAVE.

Qu'y trouvez-vous qui puisse vous blesser? Une fleur sans parfum n'en est pas moins belle; bien au contraire, ce sont les plus belles que Dieu a faites ainsi; et il me semble que sur ce point-là vous n'avez pas le droit de vous plaindre.

MARIANNE.

Mon cher cousin, est-ce que vous ne plaignez pas le sort des femmes? Voyez un peu ce qui m'arrive. Il est décrété par le sort que Célio m'aime, ou croit m'aimer, lequel Célio a dit à ses amis, lesquels amis décrètent à leur tour que, sous peine de mort, je l'aimerai. La jeunesse napolitaine daigne m'envoyer en votre personne un digne représentant, chargé de me faire savoir que j'aie à aimer ledit seigneur Célio d'ici à une huitaine de jours. Pesez cela, je vous en prie. N'est-ce pas une femme bien abjecte que celle qui obéit à point nommé, à l'heure convenue, à une pareille proposition? Ne va-t-on pas la déchirer à belles dents, la montrer au doigt et faire de son nom le refrain d'une chanson à boire? — Si elle refuse, au contraire, est-il un monstre qui lui soit comparable? est-il une statue plus froide qu'elle? Et l'homme qui lui parle, qui ose l'arrêter en place publique son livre de messe à la main, n'a-t-il pas le droit de lui dire : Vous êtes une rose du Bengale, sans épine et sans parfum?

OCTAVE.

Cousine, cousine, ne vous fâchez pas.

MARIANNE.

N'est-ce pas une chose bien ridicule que l'honnêteté et la foi jurée? que l'éducation d'une fille, la fierté d'un cœur qui s'est figuré qu'il vaut quelque chose, et qui, pour mériter le respect des autres, commence par se respecter lui-même? Tout cela n'est-il pas un rêve, une bulle de savon qui, au premier soupir d'un cavalier à la mode, doit s'évaporer dans les airs?

OCTAVE.

Vous vous méprenez sur mon compte et sur celui de Célio.

MARIANNE.

Qu'est-ce après tout qu'une femme? L'occupation d'un moment, une ombre vaine qu'on fait semblant d'aimer, pour le plaisir de dire qu'on aime. Une femme! c'est une distraction. Ne pourrait-on pas dire, quand on en rencontre une : Voilà ma belle fantaisie qui passe! Et ne serait-ce pas un grand écolier en de telles matières, que celui qui baisserait les yeux devant elle, qui se dirait tout bas : « Voilà peut-être le bonheur d'une vie entière, » et qui la laisserait passer?

(Elle sort par la gauche.)

SCÈNE V.

OCTAVE, puis UN GARÇON D'AUBERGE.

OCTAVE.

Tra, tra, poum ! poum ! tra déra la la ! — Quelle drôle de petite femme !
(Appelant à l'auberge.)
Hai ! holà !
(A un garçon qui sort de l'auberge.)
Apportez-moi ici, sous cette tonnelle, une bouteille de quelque chose.

LE GARÇON.

Ce qui vous plaira, excellence. Voulez-vous du lacryma-christi?

OCTAVE.

Soit, soit.
(Il tire de sa poche des tablettes et écrit quelques mots au crayon.)
Allez-vous-en un peu chercher dans les rues d'alentour le seigneur Célio, qui porte un manteau sombre et un pourpoint plus sombre encore. Vous lui direz qu'un de ses amis est là qui boit tout seul du lacryma-christi. Après quoi vous irez à la grande place, et vous remettrez ceci de ma part
(Il lui donne un feuillet de ses tablettes.)
à une certaine Rosalinde qui est rousse, et qui est toujours à sa fenêtre.
(Le garçon sort par le fond à gauche.)

SCENE VI.

OCTAVE, puis CLAUDIO, TIBIA.

OCTAVE, seul.

Je ne sais ce que j'ai dans la gorge ; je suis triste comme

un lendemain de fête. Je ferai aussi bien de dîner ici. Est-ce que j'ai envie de dormir? je me sens tout pétrifié.

(Claudio et Tibia entrent par le jardin.)

Ah!... cousin Claudio, vous êtes un beau juge ; où allez-vous si couramment?

CLAUDIO.

Qu'entendez-vous par là, seigneur Octave?

OCTAVE.

J'entends que vous êtes un podestat qui a de belles formes

CLAUDIO.

De langage, ou de complexion?

OCTAVE

De langage, de langage. Votre robe est pleine d'éloquence, et vos bras sont deux charmantes parenthèses.

CLAUDIO.

Soit dit en passant, seigneur Octave, le marteau de ma porte m'a tout l'air de vous avoir brûlé les doigts.

OCTAVE.

En quelle façon, cousin plein de science?

CLAUDIO.

En y voulant frapper, cousin plein de finesse.

OCTAVE.

Ajoute hardiment plein de respect, Claudio, pour le marteau de ta porte; mais tu peux le faire peindre à neuf, sans que je craigne de m'y salir les doigts.

CLAUDIO.

En quelle façon, cousin plein de facéties?

OCTAVE.

En n'y frappant jamais, cousin plein de causticité.

CLAUDIO.

Cela vous est pourtant arrivé, puisque ma femme a enjoint à ses gens de vous fermer la porte au nez à la première occasion.

OCTAVE.

Tes lunettes sont myopes, juge plein de grâce; tu te trompes d'adresse dans ton compliment.

CLAUDIO.

Mes lunettes sont excellentes, cousin plein de riposte. N'as-tu pas fait à ma femme une déclaration amoureuse?

OCTAVE.

A quelle occasion, subtil magistrat?

CLAUDIO.

A l'occasion de ton ami Célio, messager complaisant; malheureusement j'ai tout entendu.

OCTAVE.

Par quelle oreille, sénateur incorruptible?

CLAUDIO.

Par celle de ma femme qui m'a tout raconté, godelureau chéri.

OCTAVE.

Tout absolument, époux idolâtré! Rien n'est resté dans cette charmante oreille?

CLAUDIO.

Il y est resté sa réponse, charmant pilier de cabaret, que je suis chargé de te faire.

OCTAVE.

Je ne suis pas chargé de l'entendre, cher procès-verbal.

CLAUDIO.

Ce sera donc ma porte en personne qui te la fera, aimable croupier de roulette, si tu t'avises de la consulter.

OCTAVE.

C'est ce dont je ne me soucie guère, chère sentence de mort; je vivrai heureux sans cela.

CLAUDIO.

Puisses-tu le faire en repos, cher cornet de passe-dix ! je te souhaite mille prospérités.

(Il sort par le fond à droite, suivi de Tibia.)

OCTAVE.

Rassure-toi sur ce sujet, cher verrou de prison ; et dors tranquille comme une audience.

SCÈNE VII.

OCTAVE, LE GARÇON, venant du fond à gauche.

LE GARÇON

Monsieur, la demoiselle rousse n'est point à sa fenêtre ; elle ne peut se rendre à votre invitation.

OCTAVE.

Que le diable l'emporte, et toi aussi !

LE GARÇON.

Et le monsieur au manteau sombre n'est pas dans les rues d'alentour ; mais j'ai rencontré son laquais à qui j'ai dit d'aller le chercher.

(Il rentre à l'auberge.)

OCTAVE.

La peste soit de tout l'univers ! Est-il décidé que je souperai seul aujourd'hui ? Que diable vais-je devenir ?

(Le garçon apporte un flacon de vin et une coupe, il les met sur la table et rentre à l'auberge.)

Bon ! bon ! ceci me convient.

(Il s'assied, et se verse à boire.)

Je suis capable d'ensevelir ma tristesse dans ce vin, ou du moins ce vin dans ma tristesse. Ah ! ah ! les vêpres sont finies ; voici Marianne qui revient.

(Il frappe un léger coup sur la table avec la main.)

SCÈNE VIII.

OCTAVE, assis, MARIANNE, venant par la gauche.

MARIANNE, se retournant au bruit.

Encore ici, seigneur Octave, et déjà à table ? C'est un peu triste de s'enivrer tout seul.

OCTAVE.

Le monde entier m'a abandonné. Je tâche d'y voir double, afin de me servir à moi-même de compagnie.

MARIANNE.

Comment! pas un de vos amis, personne qui vous soulage de ce fardeau terrible, la solitude?

OCTAVE.

Faut-il vous dire ma pensée? j'avais invité une certaine Rosalinde, qui est de mes amies; elle soupe en ville comme une personne de qualité.

MARIANNE.

C'est une fâcheuse affaire, sans doute, et votre cœur en doit ressentir un vide effroyable.

OCTAVE.

Un vide que je ne saurais exprimer, et que je communique en vain à cette large coupe. Le carillon des vêpres m'a fendu le crâne pour tout l'après-dîner.

MARIANNE, s'approchant.

Dites-moi, cousin, est-ce du vin à quinze sous la bouteille que vous buvez?

OCTAVE.

N'en riez pas ; c'est du lacryma-christi, ni plus ni moins, et délicieux.

MARIANNE.

Cela m'étonne que vous ne buviez pas du vin à quinze sous; buvez-en, je vous en supplie.

OCTAVE.

Pourquoi en boirais-je, s'il vous plaît?

MARIANNE.

Goûtez-en; je suis sûre qu'il n'y a aucune différence avec celui-là.

OCTAVE.

Il y en a une aussi grande qu'entre le soleil et une lanterne.

MARIANNE.

Non, vous dis-je, c'est la même chose.

OCTAVE.

Dieu m'en préserve! Vous moquez-vous de moi?

MARIANNE.

Vous trouvez qu'il y a une grande différence?

OCTAVE.

Assurément.

MARIANNE.

Je croyais qu'il en était du vin comme des femmes. Quel misérable cœur est-ce donc que le vôtre, pour que vos lèvres lui fassent la leçon? Vous ne boiriez pas le vin que boit le peuple; vous aimez les femmes qu'il aime. L'esprit généreux et poétique de ce flacon doré, ces sucs merveilleux que la lave du Vésuve a cuvés sous son ardent soleil, vous conduiront à quelque banal semblant de plaisir; vous rougiriez de boire un vin grossier, votre gorge se soulèverait... Ah! vos lèvres sont délicates, mais votre cœur s'enivre à bon marché!... Bonsoir, cousin; puisse Rosalinde venir consoler vos ennuis!

(Elle fait quelques pas vers le jardin.)

OCTAVE, se levant.

Deux mots, de grâce, belle Marianne, et ma réponse sera

courte. Combien de temps pensez-vous qu'il faille faire la cour
à la bouteille que vous voyez, pour obtenir d'elle un accueil
favorable? Elle est, comme vous dites, toute pleine d'un esprit
céleste, et le vin du peuple lui ressemble aussi peu qu'un
paysan à son seigneur. Cependant, regardez comme elle est
bonne personne! Un mot a suffi pour la faire sortir du cellier;
toute poudreuse encore, elle s'en est échappée pour me donner
un quart d'heure d'oubli, et mourir! Sa couronne, empour-
prée de cire odorante, est aussitôt tombée en poussière, et je
ne puis vous le cacher, elle a failli passer tout entière sur mes
lèvres dans la chaleur de son premier baiser.

MARIANNE.

Êtes-vous sûr qu'elle en vaut davantage? Et si vous êtes un
de ses vrais amants, n'iriez-vous pas, si la recette en était
perdue, en chercher la dernière goutte jusque dans la bouche
du volcan?

OCTAVE.

Elle n'en vaut ni plus ni moins. Dieu n'en a pas caché la
source au sommet d'un pic inabordable, au fond d'une ca-
verne profonde; il l'a suspendue en grappes dorées sur nos
brillants coteaux. Elle est, il est vrai, rare et précieuse, mais
elle ne défend pas qu'on l'approche. Elle se laisse voir aux
rayons du soleil, et toute une cour d'abeilles et de frelons mur-
mure autour d'elle matin et soir. Le voyageur dévoré de soif
peut se reposer sous ses rameaux verts; jamais elle ne l'a
laissé languir, jamais elle ne lui a refusé les douces larmes
dont son cœur est plein. Ah! Marianne! c'est un don fatal
que la beauté! La sagesse dont elle se vante est sœur de l'ava-
rice, et il y a parfois plus de miséricorde pour ses faiblesses
que pour sa cruauté... Bonsoir, cousine; puisse Célio vous
oublier!

(Il entre dans l'auberge.)

SCÈNE IX.

CLAUDIO, MARIANNE.

(Claudio, venant de la droite, est entré un peu avant la sortie d'Octave.)

CLAUDIO.

Pensez-vous que je sois un mannequin, et que je me promène sur la terre pour servir d'épouvantail aux oiseaux?

MARIANNE.

D'où vous vient cette gracieuse idée?

CLAUDIO.

Pensez-vous qu'un homme de mon poids ignore la valeur des mots, et qu'on puisse se jouer de sa crédulité comme de celle d'un danseur ambulant?

MARIANNE.

A qui en avez-vous ce soir?

CLAUDIO.

Pensez-vous que je n'aie pas entendu vos propres paroles : « Si cet homme ou son ami se présente à ma porte, qu'on la lui fasse fermer! » Et croyez-vous que je trouve convenable de vous voir converser librement avec lui sous une tonnelle?

MARIANNE.

Vous m'avez vue sous une tonnelle?

CLAUDIO.

Oui, oui, de ces yeux que voilà, sous la tonnelle de ce cabaret. La tonnelle d'un cabaret n'est point un lieu de conversation pour la femme d'un magistrat, et il est inutile de faire fermer sa porte quand on se renvoie le dé en plein air avec si peu de retenue.

MARIANNE.

Depuis quand m'est-il défendu de causer avec un de vos parents?

CLAUDIO.

Quand un de mes parents est un de vos amants, il est fort bien fait de s'en abstenir.

MARIANNE.

Octave, un de mes amants! Perdez-vous la tête? Il n'a de sa vie fait la cour à personne.

CLAUDIO.

Son caractère est vicieux ; c'est un coureur de tripots.

MARIANNE.

Raison de plus pour qu'il ne soit pas, comme vous dites fort agréablement, *un de mes amants*. Il me plaît de causer avec Octave sous la tonnelle d'un cabaret.

CLAUDIO.

Ne me poussez pas à quelque fâcheuse extrémité par vos extravagances, et réfléchissez à ce que vous faites.

MARIANNE.

A quelle extrémité voulez-vous que je vous pousse? Je suis curieuse de savoir ce que vous feriez.

CLAUDIO.

Je vous défendrais de le voir et d'échanger avec lui aucune parole, soit dans ma maison, soit dans une maison tierce, soit en plein air.

MARIANNE.

Ah! ah! vraiment, voilà qui est nouveau!... Octave est mon parent tout autant que le vôtre ; je prétends lui parler quand bon me semblera, en plein air ou ailleurs, et dans notre maison, s'il lui plaît d'y venir.

CLAUDIO.

Souvenez-vous de cette dernière phrase que vous venez de prononcer. Je vous ménage un châtiment exemplaire si vous allez contre ma volonté.

MARIANNE.

Trouvez bon que j'aille d'après la mienne, et ménagez-moi ce qui vous plaira ; je m'en soucie comme de cela.

CLAUDIO.

Marianne, brisons cet entretien. Ou vous sentirez l'inconvenance de s'arrêter sous une tonnelle, ou vous me réduirez à une violence qui répugne à mon habit.

(Il sort par le fond, à droite.)

SCÈNE X.

MARIANNE, seule, appelant du côté du jardin.

Holà ! quelqu'un !...

(A un Domestique qui entre.)

Voyez-vous là, dans cette maison, ce jeune homme assis devant une table? Allez lui dire que j'ai à lui parler et qu'il prenne la peine de venir ici.

(Le Domestique entre dans l'auberge.)

Voilà qui est nouveau ! Pour qui me prend-on? Quel mal y a-t-il donc?... Comment donc suis-je faite aujourd'hui? voilà une robe affreuse!... Qu'est-ce que cela signifie ? vous me réduirez à la violence ! quelle violence ?... Je voudrais que ma mère fût là. Ah ! bah ! elle est de son avis dès qu'il dit un mot. J'ai une envie de battre quelqu'un... Je suis bien bonne, en vérité! Ah! c'est donc là le commencement? On me l'avait prédit, je le savais, je m'y attendais!... Patience! patience! Il me ménage un châtiment, et lequel, par hasard? Je voudrais bien savoir ce qu'il veut dire.

SCÈNE XI.

OCTAVE, MARIANNE.

MARIANNE.

Approchez, Octave, j'ai à vous parler. J'ai réfléchi à ce

que vous m'avez dit sur le compte de votre ami Célio. Dites-moi, pourquoi ne s'explique-t-il pas lui-même?

OCTAVE.

Par une raison assez simple : il vous a écrit, et vous avez déchiré ses lettres; il vous a envoyé quelqu'un, et vous lui avez fermé la bouche; il vous a donné des concerts, vous l'avez laissé dans la rue. Ma foi! il s'est donné au diable, et l'on s'y donnerait à moins.

MARIANNE.

Cela veut dire qu'il a songé à vous?

OCTAVE.

Oui.

MARIANNE.

Eh bien! parlez-moi de lui.

OCTAVE.

Sérieusement?

MARIANNE.

Oui, oui, sérieusement; me voilà, j'écoute.

OCTAVE.

Vous voulez rire?

MARIANNE.

Quel pitoyable avocat êtes-vous donc? Parlez, que je veuille rire ou non.

OCTAVE.

Que regardez-vous à droite et à gauche? En vérité, vous êtes en colère.

MARIANNE.

Je veux me mettre à la mode, Octave, je veux prendre un cavalier servant. N'est-ce pas ainsi que cela s'appelle? Si je vous ai bien compris tout à l'heure, ne me reprochiez-vous pas, avec votre bouteille, de me montrer trop sévère et d'éloigner de moi ceux qui m'aiment? Soit, je consens à les entendre. Je suis menacée, je suis outragée, et, je vous le demande, l'ai-je mérité?

ACTE II, SCÈNE XI.

OCTAVE.

Non, assurément, tant s'en faut!

MARIANNE.

Je ne sais ni mentir ni tromper personne, et c'est justement par cette raison que je ne veux pas être contrainte; et, Sigisbé ou Patito, quelle femme, en Italie, ne souffre auprès d'elle ceux qui essayent de lui parler d'amour, sans qu'on voie à cela ni crime ni mensonge? Vous dites qu'on me donne des concerts et que je laisse les gens dans la rue? eh bien, je les y laisserai encore, mais ma jalousie sera entr'ouverte, je serai là, j'écouterai.

OCTAVE.

Puis-je répéter à Célio?...

MARIANNE.

Célio ou tout autre, peu m'importe!... Que me conseillez-vous, Octave? Voyez, je m'en rapporte à vous. Eh bien, vous ne parlez pas? Je vous dis que je le veux... Oui, ce soir même, j'ai envie qu'on me donne une sérénade, et il me plaira de l'entendre. Je suis curieuse de voir si on me le défendra.
(Lui donnant un nœud de rubans de sa robe.)
Tenez, voilà mes couleurs... Qui vous voudrez les portera!

OCTAVE.

Marianne! quelle que soit la raison qui a pu vous inspirer une minute de complaisance, puisque vous m'avez appelé, puisque vous consentez à m'entendre, au nom du ciel, restez la même une minute encore; permettez-moi de vous parler.

MARIANNE.

Que voulez-vous me dire?

OCTAVE.

Si jamais homme au monde a été digne de vous comprendre, digne de vivre et de mourir pour vous, cet homme est Célio. Je n'ai jamais valu grand'chose, et je me rends cette justice que la passion dont je fais l'éloge trouve un misérable interprète. Vous, si belle, si jeune! si vous saviez quel trésor de bonheur repose en vous, en lui! dans cette fraîche aurore de jeunesse, dans cette rosée céleste de la vie, dans ce premier accord de deux âmes jumelles! Je ne vous parle pas de sa souffrance, de cette douce et tendre mélancolie qui ne s'est jamais lassée de vos rigueurs, et qui en mourrait sans se plaindre. Oui, Marianne, il en mourra. Que puis-je vous dire? Qu'inventerai-je pour donner à mes paroles la force qui leur manque? Je ne sais pas le langage de l'amour. Regardez dans votre âme; c'est elle qui peut vous parler de la sienne. Y a-t-il un pouvoir capable de vous toucher? Vous qui savez supplier Dieu, existe-t-il une prière qui puisse rendre ce dont mon cœur est plein?

(Il se jette à genoux.)

MARIANNE.

Relevez-vous, Octave. En vérité, si quelqu'un venait, ne croirait-on pas, à vous entendre, que c'est pour vous que vous plaidez?

OCTAVE.

Marianne! Marianne! au nom du ciel, ne souriez pas! ne fermez pas votre cœur au premier éclair qui l'ait peut-être traversé!

MARIANNE.

Êtes-vous sûr qu'il ne me soit pas permis de sourire?

OCTAVE, se relevant.

Oui, vous avez raison, je sais tout le tort que mon amitié peut faire. Je sais qui je suis, je le sens... un pareil langage dans ma bouche a l'air d'une raillerie. Vous doutez de la sincérité de mes paroles; jamais peut-être je n'ai senti avec plus d'amertume qu'en ce moment le peu de confiance que je puis inspirer.

MARIANNE.

Pourquoi cela? vous voyez que j'écoute. Célio me déplaît; je ne veux pas de lui. Parlez-moi de quelque autre, de qui vous voudrez.

OCTAVE.

O femme trois fois femme! Célio vous déplaît, — mais le premier venu vous plaira peut-être. L'homme qui vous aime, qui s'attache à vos pas, qui mourrait de bon cœur sur un mot de votre bouche, celui-là vous déplaît! Il est jeune, beau, riche et digne en tout point de vous; mais il vous déplaît! et le premier venu vous plaira.

MARIANNE.

Faites ce que je vous dis, ou ne me revoyez jamais.

(Elle entre dans sa maison. — La nuit vient par degrés.)

SCÈNE XII.

OCTAVE, seul.

Vous êtes bien jolie, Marianne, et votre petit caprice de colère est un charmant traité de paix. Il ne me faudrait pas beaucoup d'orgueil pour le comprendre; un peu de perfidie suffirait. Ce sera pourtant Célio qui en profitera.

SCÈNE XIII.

CÉLIO, OCTAVE.

CÉLIO, venant de la gauche.

Tu m'as fait demander, mon ami; eh bien, quelle nouvelle?

OCTAVE.

Pique ce ruban à ton bonnet, Célio; prends ta guitare et ton épée... notre cause est à moitié gagnée.

CÉLIO.

Au nom du ciel, ne te ris pas de moi.

OCTAVE.

La nuit sera belle; — la lune va paraître à l'horizon. Marianne sera seule ce soir derrière sa jalousie; elle consent à t'écouter.

CÉLIO.

Est-ce vrai? est-ce vrai? ou tu es ma vie, Octave, ou tu es sans pitié.

OCTAVE.

Je te dis que tout est convenu. Une chanson sous la fenêtre; un bon manteau bien long, un poignard dans la poche, un masque sur le nez... As-tu un masque?

CÉLIO.

Non.

OCTAVE.

Point de masque? — Amoureux, et en carnaval! Ce garçon-là ne pense à rien. Va donc t'équiper au plus vite.

CÉLIO.

Ah! mon Dieu! le cœur me manque.

OCTAVE.

Courage, mon ami! En route! tu m'embrasseras en revenant. En route! en route! la nuit s'avance.

(Célio sort par la gauche.)

Le cœur lui manque, dit-il! et à moi aussi, car je n'ai dîné qu'à moitié. Pour récompense de mes peines, je vais me donner à souper.

(Appelant.)

Hai! holà! Giovanni! Beppo!...

(Il entre à l'auberge.)

SCÈNE XIV.

TIBIA, CLAUDIO, MARIANNE, sur le balcon, DEUX SPADAS-
SINS.

(Tibia et Claudio, suivis de deux Spadassins, viennent du fond, à droite, ils descendent la scène en longeant la maison de Claudio.)

CLAUDIO, aux Spadassins.

Laissez-le entrer, et jetez-vous sur lui, dès qu'il sera parvenu à ce bosquet.

(L'un des Spadassins entre dans le jardin.)

MARIANNE, sur le balcon, à part.

Que vois-je ? mon mari et Tibia !

TIBIA, à Claudio.

Et s'il entre par l'autre côté ?

CLAUDIO.

Comment, Tibia, par l'autre côté ! verrais-je ainsi échouer tout mon plan ?

MARIANNE, à part.

Que disent-ils ?

TIBIA.

Cette place étant un carrefour, on peut y venir à droite et à gauche.

CLAUDIO.

Tu as raison ; je n'y avais pas songé.

TIBIA.

Que faire, monsieur, s'il arrive par la gauche ?

CLAUDIO.

Alors, attendez-le au coin du mur.

MARIANNE, à part.

O ciel ! qu'ai-je entendu ?

TIBIA.

Et s'il se présente par la droite?

CLAUDIO.

Attendez un peu. — Vous ferez la même chose.

(L'autre Spadassin sort par la droite.)

MARIANNE, à part.

Comment avertir Octave?

TIBIA, regardant à gauche.

Le voilà qui arrive. Tenez, monsieur, voyez comme son ombre est grande! c'est un homme d'une belle stature.

CLAUDIO.

Retirons-nous à l'écart, et frappez quand il en sera temps.

(Ils sortent par le fond à droite.)

SCÈNE XV.

CÉLIO, masqué, MARIANNE, sur le balcon.

CÉLIO, s'approchant du balcon.

Marianne! Marianne! êtes-vous là?

MARIANNE.

Fuyez, fuyez, Octave!

CÉLIO.

Seigneur, mon Dieu! quel nom ai-je entendu?

MARIANNE.

La maison est entourée d'assassins; mon mari a écouté notre conversation, et votre mort est certaine, si vous restez une minute encore.

CÉLIO.

Est-ce un rêve? suis-je Célio?

MARIANNE.

Octave, Octave, au nom du ciel, ne vous arrêtez pas!

Puisse-t-il être encore temps de vous échapper! Demain, trouvez-vous à midi derrière le jardin, j'y serai.
(Elle quitte le balcon.)

SCÈNE XVI.

CÉLIO, TIBIA.

(Tibia entre par le fond à droite, se glisse sans bruit sous le balcon, puis derrière le pilier de la grille qui touche à la maison.)

CÉLIO, se démasquant et tirant son épée.

O mort! puisque tu es là, viens donc à mon secours. Octave, traître Octave! puisse mon sang retomber sur toi! Dans quel but, dans quel intérêt tu m'as envoyé dans ce piége affreux, je ne le puis comprendre, mais je le saurai, puisque j'y suis venu; et fût-ce aux dépens de ma vie, j'apprendrai le mot de cette horrible énigme.

(Il entre dans le jardin, Tibia l'y suit et ferme la grille en dedans.)

SCÈNE XVII.

OCTAVE, seul, sortant de l'auberge.

Ah! — où vais-je aller à présent? j'ai fait quelque chose pour le bonheur d'autrui, qu'inventerai-je pour mon plaisir? Ma foi! voilà une belle nuit, et vraiment celle-ci doit m'être comptée! — En vérité, cette femme était belle, et sa petite colère lui allait bien! D'où venait-elle? c'est ce que j'ignore. — Qu'importe comment la bille d'ivoire tombe sur le numéro que nous avons appelé! Souffler une maîtresse à un ami, c'est une rouerie trop commune pour moi. La véritable affaire était de souper! Il est clair que Célio est à jeun. — Comme tu m'aurais détesté, Marianne, si je t'avais aimée! comme tu m'aurais fermé ta porte! comme ton bélître de mari t'aurait paru un Adonis, un Sylvain, en comparaison de moi! — Où est donc la raison de tout cela? La raison de tout c'est la fortune! Il n'y a qu'heur et malheur en ce monde. Célio n'était-il pas désolé ce matin, et maintenant...

(On entend un bruit sourd et un cliquetis d'épées dans le jardin.)

Qu'ai-je entendu? quel est ce bruit?

CÉLIO, d'une voix étouffée, dans le jardin.

A moi!...

OCTAVE.

Célio! c'est la voix de Célio.

(Courant à la grille et la secouant.)

Ouvrez, ou j'enfonce la grille!

SCÈNE XVIII.

OCTAVE, CLAUDIO.

CLAUDIO, ouvrant la grille.

Que voulez-vous?

OCTAVE.

Où est Célio?

CLAUDIO.

Je ne pense pas que son habitude soit de coucher dans cette maison.

OCTAVE.

Si tu l'as assassiné, Claudio, prends garde à toi; je te tordrai le cou de ces mains que voilà.

CLAUDIO.

Êtes-vous fou ou somnambule? Cherchez dans ce jardin, si bon vous semble; je n'y ai vu entrer personne; et si quelqu'un l'a voulu faire, il me semble que j'avais le droit de ne pas lui ouvrir

(Octave entre dans le jardin; Claudio va au-devant de Tibia qui entre par le fond à droite, et lui dit bas:)

Tout est-il fini comme je l'ai ordonné?

TIBIA.

Oui, monsieur, soyez en repos ; ils peuvent chercher tant qu'ils voudront.

CLAUDIO.

Maintenant songeons à ma femme, et allons prévenir sa mère.

(Ils sortent par la droite.)

SCÈNE XIX.

MARIANNE, seule, venant de la maison.

Cela est certain... je ne me trompe pas... j'ai bien vu, j'ai bien entendu. Derrière la maison, à travers les arbres, j'ai vu des ombres dispersées çà et là, se joindre tout à coup et fondre sur lui. J'ai entendu le bruit des épées, puis un cri étouffé, le plus sinistre, le dernier appel ! — Pauvre Octave ! tout brave qu'il est (car il est brave), ils l'ont surpris, ils l'ont entraîné. Est-il possible, est-il croyable qu'une pareille faute soit payée si cher ? Est-il possible que si peu de bon sens puisse donner tant de cruauté ? Et moi qui ai agi si légèrement, si follement, par pure plaisanterie, par pur caprice !... Il faut que je le voie, il faut que je sache...

SCÈNE XX.

MARIANNE, OCTAVE.

(Octave vient du jardin, l'épée à la main, et remonte le théâtre jusqu'au fond, en regardant de tous côtés.)

MARIANNE.

Octave, est-ce vous ?

OCTAVE.

C'est moi, Marianne... Célio n'est plus !..

MARIANNE.

Célio, dites-vous?... Comment se peut-il?...

OCTAVE.

Il n'est plus!...

MARIANNE.

O ciel!...

(Elle fait quelques pas du côté du jardin.)

OCTAVE.

Il n'est plus!... N'allez pas par là.

MARIANNE.

Où voulez-vous que j'aille? Je suis perdue!... Il faut partir, Octave, il faut fuir!... Claudio sûrement n'est pas dans la maison?

OCTAVE.

Non; ils ont pris leurs précautions, et m'ont laissé prudemment seul.

MARIANNE.

Je le connais, je suis perdue, et vous peut-être aussi... Partons ' ils vont revenir, et tout à l'heure...

OCTAVE.

Partez si vous voulez; je reste. S'ils doivent revenir ils me trouveront, et, quoi qu'il advienne, je les attendrai. Je veux veiller près de lui dans son dernier sommeil.

MARIANNE.

Mais moi, m'abandonnerez vous? Savez-vous à quel danger vous vous exposez, et jusqu'où peut aller leur vengeance?

OCTAVE.

Regardez là-bas, derrière ces arbres, cette petite place sombre, au coin de la muraille; là est couché mon seul ami; quant au reste, je ne m'en soucie guère.

MARIANNE.

Pas même de votre vie... ni de la mienne?...

OCTAVE.

Pas même de cela. Regardez là-bas!... Moi seul au monde je l'ai connu. Posez sur sa tombe une urne d'albâtre couverte d'un long voile de deuil, ce sera sa parfaite image. C'est ainsi qu'une douce mélancolie voilait les perfections de cette âme tendre et délicate... Elle eût été heureuse la femme qui l'eût aimé!

MARIANNE.

L'aurait-il défendue si elle avait couru un danger?

OCTAVE.

Oui, sans nul doute, il l'aurait fait!... Lui seul était capable d'un dévouement sans bornes; lui seul eût consacré sa vie entière à la femme qu'il aimait, aussi facilement qu'il a bravé la mort pour elle.

MARIANNE.

Et vous, Octave, ne le feriez-vous pas?

OCTAVE.

Moi?... moi, je ne suis qu'un débauché sans cœur; je n'estime point les femmes. L'amour que j'inspire est comme celui que je ressens, l'ivresse passagère d'un songe. Ma gaieté n'est qu'un masque; mon cœur est plus vieux qu'elle!... Ah! je ne suis qu'un lâche! sa mort n'est point vengée!...

(Il jette à terre son épée.)

MARIANNE.

Comment aurait-elle pu l'être?... Claudio est trop vieux pour accepter un duel, et trop puissant dans cette ville pour rien craindre de vous.

OCTAVE.

Célio m'aurait vengé, si j'étais mort pour lui comme il est mort pour moi. Son tombeau m'appartient; c'est moi qu'ils ont étendu dans cette sombre allée; c'est pour moi qu'ils avaient aiguisé leurs épées; c'est moi qu'ils ont tué!... Adieu la gaieté de ma jeunesse, l'insouciante folie, la vie libre et joyeuse au pied du Vésuve!... Adieu les bruyants repas, les causeries du soir, les sérénades sous les balcons dorés !... Adieu Naple et ses femmes, les mascarades à la lueur des torches, les longs soupers à l'ombre des forêts !... Adieu l'amour et l'amitié !... Ma place est vide sur la terre.

MARIANNE.

En êtes-vous bien sûr, Octave ? Pourquoi dites-vous : adieu l'amour ?

OCTAVE.

Je ne vous aime pas, Marianne ; c'était Célio qui vous aimait.

FIN.

www.ingramcontent.com/pod-product-compliance
Lightning Source LLC
LaVergne TN
LVHW022145080426
835511LV00008B/1271